EXTRAICT

DES PRINCIPAVX
POINCTS DV CIN-
quiesme Liure de la Reformation de la Iustice, du sieur
de Laujorroys.

AVX TROIS ESTATS
de la France assemblez
à Paris.

A PARIS,
Chez MARTIN VERAC Imprimeur &
Libraire, rue Iudas à la
Nauette.

M. DC. XV.

Auec priuilege du Roy.

EXTRAICT

DES PRINCIPAVX

POINCTS DV CIN-
quiesme Liure de la Reformation de la Iustice, du Sieur
de Laujorrois.

*AVX TROIS ESTATS DE
la France assemblez à Paris.*

ESSIEVRS,

Apres vous auoir presenté mes cinq Liures de la Reformation de la Iustice lesquels vous m'auez faict l'honneur de rece-
uoir fort fauorablement ie me suis apper-
ceu qu'a cause du grand nombre & multi-
plicité d'affaires qui vous suruiennent de
toutes parts vous n'auez pas le temps de va-
quer & examiner l'œuure entier mesmement le cinquiesme Liure qui comprend
tout le secret de mon desseing. Cest pour-

A ij

quoy iay pour d'autant vous soulager faict vn extraict sommaire d'iceluy : l'ay reduict en trente & vne articles desquels i'en tire douzes des plus importans pour le faict de ladite Reformation : lesquels estans par vos prudences examinez accordez & resolus deuoir entrer en la Reformation par tous les gens de bien tant desiree tous les autres articles & propositions ne receuront aucune difficulté.

Le 1. de ces 12. articles concernant lextinction de l'espicerie & de tous emoluments que les Iuges prennent pour iuger les proces est bien de telle consequence que comme tout le desordre qui est auiourd'huy en la iustice en est procedé aussi icelle ostee cest vn vray & infalible moyen pour retourner à l'ancienne iustice de France tant renommee par nostre histoire & mesmes par les estrangers. Cest l'espicerie qui est cause du mal : la faut donc oster & exterminer affin que le mal cesse.

Le 2. est touchant la venalité des offices de iudicature laquelle est venue long temps apres l'espicerie & toutes deux coniurees contre la iustice l'ont renuersee de son throsne : & en son lieu y ont installee l'iniustice & pour escorte l'ont assistée de la chicanerie du mensonge de l'impudence calomnie faulsetees impieté & autres engeances de corruptions.

Le 3. est pour le bannissement perpetuel & abolition de la Paulette qui est venuë au

secours des deux autres par vne gaillarde in
uention des auares partifans de ce fiecle qui
cuydent par ce nouueau fecours auoir atta-
ché la venalité à clouds de diamans comme
difoit Denys le Tyran de fa tyrannie.

Le 4. eft pour enuoyer des Confeillers
des Parlemens plus experimentez & renommez en integrité & les bien appointer pour
auoir l'intendance de la Iuftice és meilleu-
res villes de leur reffort & viuans en bonne
intelligence auec le gouuerneur de la Pro-
uince & eftans changez de 3. en trois ans où
de cinq en cinq ans tant les vns que les autres au bout defquels ils feroient traictez
felon leur merite ou demerite ce feroit vn
grand moyen pour remettre la Iuftice en fa
dignité & rendre l'eftat des villes & des Pro-
uinces affuré.

Le 5. eft pour l'eftabliffement d'vne cham-
bre d'audiance & plaidoirie ordinaire en
chacun Parlement, qui changera de deux
en deux ans ou d'an en an fi l'on veut : ou
fe fugeront toutes les appellations qui n'auront efté vuidees au tour du roolle.

Le 6. pour creer vn Confernateur des Ordonnances & reglemens qui feront faicts
pour la Reformation tant de la Iuftice que
de la police par le moyen d'vn homme vertueux & capable qui fera pourueu par com-
miffion ou en tiltre d'office fi l'on veut d'vn
Office de Conferuateur des Ordonnances
en toutes les Cours Souueraines de ce Royaume.

A iij

Le 7. est pour le renouuellement de l'ordonnance de Charles 7. par laquelle est de-
fendu de declarer aux parties le Rapporteur
de leur procez & faut defendre toutes bri-
gues & sollicitations enuers les Iuges sur de
grandes peines par ce que telles solicita-
tions doiuent estre mises au nombre des
corruptions. Faut aussi defendre aux Iuges
de prendre aucuns presens sous quelque
pretexte ou coustume que ce soit sur peine
de concussion & se contenteront de leurs
gages qui leurs seront augmentez sous le
bon plaisir du Roy.

Le 8. est pour la Reformation des Ordonnances ampliations d'icelles & redu-
ction en meilleur ordre.

Le 9. est pour renouueller l'ordonnance
de François 1. & Charles 9 touchant les
compromis & sentences arbitrales.

Le 10. est pour remedier aux abus contre
les heritiers par benefices d'inuentaire.

Le 11. est contre les abus des decrets &
consignations des deniers & longueur trop
affectee a faire l'ordre des Creanciers.

Le 12. contre le grand abus qui se com-
met a la taxe des despens au mespris des Ordonnances mesmement celle d'Orleans, article 47. lesquelles faut renouueller & faut
faire defences a tous commissaires ou autre
taxans despens de prendre tant ou tant pour
article ou tant ou tant pour escu qui est
vn merueilleux abus grandement pre-
iudiciable au public ains prendront les

Iuges en Cour souueraine vn escu pour
chacune heure qu'ils trauailleront a ladicte taxe & du plus plus du moins moins
& les Iuges inferieurs soient Commissaires
examinateurs ou autres la moytie d'autant
& rien plus ie tout sur peine de concussion
& de repetition du quadruple sur eux mesmes.

Au parauant que d'examiner ces poincts
decisifs de tout le procez de Reformation
ie croy qu'il est fort a propos de vous repre-
senter comme dans vn tableau qu'elle a esté
iadis la Iustice de France a commencer du
temps du bon Roy sainct Louys, iusques à
l'espicerie c'est a dire depuis la bouette de
dragees. Puis qu'elle depuis l'espicerie en
dragees iusques a la commutation d'icelles
en argent. Qu'elle depuis ladicte venalité
iusques a present : le tout brieuement &
succintement affin de iuger des moyens
propres & conuenables pour remettre &
reprendre ceste ancienne forme de proce-
der és affaires de Iustice.

Ie vous diray par aduance que quicon-
que auroit trouué le vray moyen & expe-
dient de faire hayr les proces aux Iuges &
retrancher la multitude & longueur des
procez auroit faict plus de deux tiers du
chemin pour faire retourner l'ancienne Iustice de France ensemble l'honneur des
charges que l'espicerie leurs a faict perdre.
Or ie l'ay trouué & n'y a pas grand finesse,
comme l'on verra sur la fin de ce discours.

Et pare que le regne de sainct Louys fut appellé le regne de religion de Iustice de paix & de police, ie niray point cercher plus haut en lantiquité pour faire voir comme l'on s'est gouuerné en ce Royaume & combien nous sommes esloignez du bon heur & sincerité de nos maieurs en matiere de Iustice Sainct Louys donc fut en son téps grand iusticier: ne donnoit aucuns offices n'y magistrats qua gens vertueux suffisans & bien choisis & les mettoit és charges gratuitement & pour leur merite : croyant comme il est vray qu'vn Prince est responsable enuers Dieu des fautes concussions & iniustices faictes par ses officiers.

Et d'autant que iadis és Parlemens qui lors estoient ambulatoires ne se traictoient que les causes de grande consequence, pour celles qui se presentoient a la suyte de la Cour on auoit de coustume d'employer non seulement quelques Seigneurs qui estoient du corps du Parlement mais le Roy mesme souuentefois donnoit audiance aux parties. Et en ceste façon recite le Sieur de Ioinnille que ce bon Prince apres auoir ouy messe alloit ordinairement se promener au bois de Vincennes : se seoit au pied d'vn chesne : faisoit asseoir pres de luy quelques Seigneurs & gentils hommes bien posez & renommez. Puis demandoit à haute voix s'il y auoit quelcun qui demandast Iustice & qui eust partie. Et s'il se presentoit aucun, il l'escoutoit fort paisiblement, puis

prononçoit

prononçoit l'arrest apres auoir ouy les deux parties, & ce sans ministere d'Aduocat ny Procureur.

Voila l'ancienne simplicité de iuger les proces de laquelle nous sommes si esloignez qu'il est aisé à iuger que l'auarice des siecles posterieurs a faits monter peu à peu l'iniustice & chicanerie au periode & pas glissant que nous la voyons.

Il y auoit lors peu de proces en France & ceux qui naissoient estoient incontinent iugez & terminez: le moindre exercice des François estoit de plaider qui est aujourd'huy le plus frequent, & qui apporte plus de ruines à la France. Ce nom de plaideur estoit reputé à iniure.

Bien est vray qu'il n'y auoit point lors de Procureurs ordinaires, lesquels au lieu d'éclaircir comme ils deuroient le droict des parties par vne naifueté & simplicité, vont à des ruses, subtilitez, & formalitez captieuses, & n'y a cause si claire de soy qui ne soit obscurcie, enueloppee & rendue douteuse par leurs inuentions & chicaneries.

Et puis les iuges ne sçauoient que c'estoit d'espicer les proces, & faut croire pour tout certain que ceste espicerie est la principale cause du desordre qui est en la iustice.

D'autre costé les Aduocats ont laissé ceste rondeur ancienne de tendre tout droict à la verité & de plaider nettement, sans tergiuerser, sans déguiser les matieres, sans mentir & vser de surprise. Les Iuges les ont

tollerez afin de faire valloir le meſtier & de
ne manquer point d'affaires, & n'y a cauſe
ſi legere, ſi cettaine, ſi ſommaire que l'on
n'en face auiourd'huy, peu s'en faut vn proces par eſcrit. C'eſt à quoy viſent les Procureurs & Aduocats, & les Iuges meſmes,
autrement ceux-cy n'auroient point d'eſpi-
ces, ſi on vuidoit tout en l'Audience, & les
autres ne profiteroient pas comme ils font
de la longueur & multiplication des proces
d'où vient leur plus aſſeuré & grand reuenu, & la ruine de pluſieurs bonnes familles.

Ie ſçay bien que parmy vn ſi grand nombre & de Iuges & d'Aduocats & de Procureurs meſmes il y a encore des gens de
bien & d'honneur chacun ſelon ſon rang
& qualité : leſquels ont la crainte de Dieu
& font leur charge auec integrité : mais ils
ſont clair ſemez, & ſont ceux qui voyent
auec regret & deſplaiſir extreme la corruption des miniſtres de Iuſtice, & le deſordre qui eſt aux compagnies : en deſirent la
Reformation, mais ils la deſeſperent voyans
l'iniuſtice, la corruption & chicanerie auoir
pris ſi profondes racines: joinct qu'ils appre-
hendent de choquer contr'elles, ſouſtenues
par tant de milliers d'hommes, ne ſe pre-
nans garde que lors que le ciel trop longuement itrité eſlance çà bas ſes foudres &
les tonnerres les bons ſouffrent bien ſouuent auec les mauuais : de maniere qu'en
tout cas perir pour perir, ou du moins pa-

tir pour patir , il vaut trop mieux que ce soit
pour le souſtien de la verité & pour vne
bonne & iuſte cauſe.

Mais examinons l'eſpicerie cauſe de tant
de deſordre , l'origine eſt venu de fort peu
de choſe, voire preſque inſenſible du commencement, à ſçauoir, d'vne boiiette de
dragees,& voicy comment.

Du temps de Philippe le Bel enuiron l'an
1308. on trouua neceſſaire de baſtir en l'iſle
de Paris vn Palais Royal, où tout chacun
pourroit s'adreſſer comme à la propre per-
ſonne du Roy, pour auoir raiſon de tous
proces par iugement ſouuerain, lequel meſme ſeruiroit de logis aux Rois, comme de
ſiege à leur Iuſtice, pource que lors il n'y a-
uoit point de ville à laquelle on euſt donné
ceſte preeminence de Cour ſouueraine,
ains quelque fois, & non pas tous les ans on
ordonnoit tantoſt en vn lieu , puis en l'autre vn certain Parlement qui duroit peu de
iours à cauſe qu'il y auoit lors peu de proces, & auſſi que les villes contentes de leur
iuſtices ordinaires n'eſtimoient pas qu'il
fuſt honneſte d'en appeller en d'autres
lieux, meſmement quand ce n'eſtoit qu'en
matiere ciuile.

Toutesfois croiſſant peu à peu la malice
des hommes s'augmenta par meſme moyé
le nombre des proces, à raiſon dequoy on
faiſoit tous les ans tenir vn Parlement de
peu de iours. Puis par ſucceſſion de temps
il tint plus ſouuent, & touſiours en lieux

diuers. Or finalement fut aduiſé que pour le bien general de toute la France on ordonneroit vn certain ſiege à ceſte ſouueraine Cour qui ſeroit comme a eſté dit en la ville de Paris, & en la maiſon Royale d'icelle en laquelle ſeroient decidees tant les affaires d'eſtat du Royaume que celles des particuliers & les proces & differents de tous ceux qui en icelle pourſuiuroient la Iuſtice.

Quand ce Parlement fut inſtitué, la moitié des Conſeillers d'iceluy eſtoit compoſee de Gentilshommes de robe courte, eſleus entre les plus honorables, plus ſages & experimentez aux affaires, non fondez en iuriſprudence, mais ſeulement en vn bon ſens naturel, & en la raiſon qui eſt l'ame de la loy & de la iuſtice : Mais depuis que la chicanerie s'eſt miſe parmy les Cours ſouueraines, & que les eſtats ont eſté venaux, les Gentils-hommes ayans en horreur ceſte vilaine beſte, & d'ailleurs ne voulans acheter ce qui eſt deu au merite & à la vertu, ont laiſſé les proces, ſe ſont pour la pluſpart ad donnez aux armes, ou à courtiſer les Rois & Princes, ou au plaiſir & meſnage de leurs maiſons des champs, & ceux qui ont voulu mettre leur argent en ceſte belle marchandiſe & negotiation d'offices ont pris leur place.

A l'exemple du Parlement de Paris ont eſté eſtablies les autres compagnies ſouueraines en ce Royaume en diuers temps & à diuerſes repriſes.

La iuſtice regna aſſez long temps en ces
premieres compagnies,à cauſe de l'integrité
de ceux qui y auoient eſté mis pour le ſeul
reſpect de leur vertu, merite & ſuſſiſance,
& ceux qui auoient mauuaiſe cauſe n'y
trouuoient ny ſupport, ny grace, ny credit,
ne s'en retournoient iamais que la honte
ſur le front, & ſi ſeuerèment & equitable-
ment condamnez que les broüillons, les
eſprits les plus inquietes & turbulents ap-
prehendoient au poſſible de tomber entre
les mains de ces gens de bien, qui n'eſpar-
gnoient ny fort ny foible, riche ny pauure,
& pour tout ne fauoriſoient que la iuſtice
& le bon droict.Il ne ſe faut donc pas eſmer-
ueiller de ce que nous liſons du petit nombre de proces & de ce que nous trouuons
par eſcrit qu'en ces temps là, l'herbe reuer-
diſſoit en la Cour du Palais à Paris comme
ez prez des champs.

Il y auoit lors (notez s'il vous plaiſt)
peu d'ordonnances ,mais elles eſtoient exa-
ctement obſeruees, eſtimans ceux de ce
temps là les vrayes loix eſtre les bonnes
mœurs & le ſens naturel aſſiſté d'vne droi-
cte conſcience , joincte auec l'experience
eſtre la vraye regle de iuger.

On ne ſçauoit lors que c'eſtoit de plaider
par eſcrit & produire pardeuers le Iuge :on
ne cognoiſſoit point ces incidens tant d'in-
terlocutoires ,auant dire droict ,auant pro-
ceder & autres allongemens de proces. Les
cauſes comme anciennement à Athenes,

puis à Rome ſe traittoient à l'audience, les
teſmoins y eſtoient ouys, les tiltres, pieces &
inſtrumens leus & examinez, & le Iuge par
l'aduis du conſeil y aſſiſtant donnoit iugement. Ceſt ordre fut depuis changé, & comme l'on ſe trouua empeſché à veoir tant de
pieces que les parties les vns pour l'eſclair-
ciſſement & conſeruatió de leur bon droiĉt:
les autres pour brouïller & ſurprendre la
religion des Iuges mettoient en auant, on
fut contraint meſmement és affaires d'im-
portance eſquelles il falloit veoir force tiltres & actes de commettre aucuns de la
compagnie pour ſe charger de toutes les
pieces, & apres les auoir examinees à ſon
loiſir en faire ſon rapport à la compagnie.

C'eſt de ceſte ſource qu'ont procedé les
proces par eſcrit qui ont eſté depuis ſi fre-
quents en la ſcience de practique: & bien
que l'origine en ſoit fondé ſur bonne raiſon
l'on en a tellement abuſé que c'eſt auiour-
d'huy l'vn des plus grands & importans a-
bus qui ſoit en l'exercice de la iuſtice.

C'eſt de ceſte meſme ſource que ſont ve-
nus les Procnreurs poſtulans, parce que les
affaires croiſſans & tirans deſia en quelque
longueur, les parties obtindrent lettres du
Prince portans permiſſion de plaider par
Procureur, & s'appelloient lettres de grace
qui expiroient auec le Parlement.

Arriua (& voicy le commencement du
mal) que quelques parties ayans eu bonne
& prompte expedition de leur proces allans

remercier leurs Iuges, s'aduiferent de leur
porter par honnefteté quelque boüette de
dragees par forme de remerciment en re-
cognoiffance de la peine qu'ils auoient eu
de decider leurs differents, & de la bonne
iuftice qui leur auoit efte renduë.

Confiderez ie vous fupplie comme ce qui
eftoit de fon origine auffi peu que rien s'eft
par fucceffion de temps accreu & a monté à
vn fi grand & infupportable exces, que ie puis
dire & tous les gens de bié, tant iuges qu'autres, de quelque qualité & condition qu'ils
foient en demeureront d'accord auec moy,
que le defordre qui eft auiourd'huy en la
iuftice de France deriue de cefte non pas
douce & fuccree, mais bien afpre, amere &
picquante efpicerie.

Belle inftruction dont neus deuons bien
faire noftre profit de ne donner iamais en
tant que l'on peut introduction à vne mau-
uaife chofe, tant legere foit elle de fon commencement: car fi toft qu'vne chofe eft efta-
blie on n'en demeure iamais là : On trouue
toufiours prou de moyens pour l'augmenter & multiplier. Du temps de Philippe de
Valois qui fut pere du Roy Iean & mourut l'an 1349. les efpices n'eftoient pas encore conuerries en deniers. Mais neantmoins elles continuoient & telles menues
danrees & recognoiffances eftans peu à peu
tirees à confequence : de cefte honnefteté &
courtoifie, on en a fait comme vne loy, vne
rente & contribution neceffaire. Ces efpices

ou dragees furent conuerties en deniers
comptans enuiron 1380. temps de defordre,
de confufion, d'impieté, d'ininftice, voire
d'anarchie, à fçauoir, fous le trop long & in-
fortuné regne de Charles 6.

Car vn vieil practicien qui viuoit lors,
dit en ces mots qui meritent d'eftre remar-
quez. On penfe (dit-il) mieux faire de laif-
fer prendre de l'argent au lieu d'efpices,
mais ce n'eft mie trop bien fait, & la iuftice
n'en fera que plus longue & plus chere à
l'aduenir.

Iufques à ce regne à compter depuis S.
Louys qui mourut l'an 1270. apres auoir re-
gné 44. ans, autant obey, reueré & chery que
fut iamais Roy de France, la Iuftice a efté
fort fainctement adminiftree, & n'y a. eu
gueres de plaintes des Iuges, parce qu'ils a-
uoient les mains nettes.

Auffi leurs eftoient leurs offices gratuitement conferez pour la feule recommanda-
tion de leur vertu merite & fuffifance,
mais durant ce regne turbulent de Charles
6. on ne parloit ny de Religion ny de iuftice.

Les troubles eftans pacifiez : Charles 7. qui
auoit arraché fa coronne des mains de l'An-
glois, & croyant que pour appaifer l'ire de
Dieu il falloit remettre fus la iuftice, qui
ne s'efloigne iamais de la pieté laquelle a-
uoit efté comme releguee pendant le regne de fon pere, fit de tresbonnes ordonnances.

Par

Par l'art.84. defquelles il defend de bail-
ler ny prendre aucune chofe pour obtenir
offices de iudicature, fur peine à l'impetrant
de la perte de l'office & du quadruple, auec
note d'infamie & les mefmes peines du
quadruple & d'infamie indictes à celuy qui
auroit pris aucune chofe de l'officier.

Cefte ordonnance tiree de fainct Louys
eft confirmee par celles de deux autres Rois
à fçauoir, Charles 8. & Louys 12.

Auffi eft-il bien certain que fons quatre
Rois tout de fuitte montez fur le thearre de
la France apres Charles 6. la Iuftice s'eft encore bien portee, & n'y auoit point lors de
plaintes contre les Iuges. La raifon eft, parce
que les officiers eftoient admis aux charges
& offices gratuitement & par exacte per-
quifitiõ & eflectiõ faicte de leurs perfonnes.

Ces bons Princes nourris és preceptes &
inftitution de S. Louys croyoient fermemét
que tous ceux qui mettent en vente les e-
ftats & offices, mefmement ceux de iudicature, vendent la chofe la plus facree du
monde qui eft la Iuftice, & oftans les loyers
d'honneur, de vertu, de fçauoir, & de pieté,
ils ouurent la porte aux larrecins, aux con-
cuffions, à l'auarice, à l'iniuftice, à l'ignoran-
ce, à l'impieté, & pour le faire court à tous
les vices, ordures & mefchancetez : parce
que, comme dit l'Empereur Iuftinian, ceux
qui out maunaife caufe, ceux qui ont fait
quelque infigne volerie ou larrecin, ceux
qui font preuenus de quelque crime tant

enorme puisse-il estre, trouuent tousiours moyen d'expugner & gaigner par or & par argent la conscience de tels Iuges, acheteurs & marchands d'offices, & de se sauuer par la porte doree.

Les Rois posterieurs n'ont pas esté si scrupuleux, aussi pour en parler franchement ont-ils mis leur estat à deux doigts pres de sa ruine, & ne me sçaurois persuader que s'ils sçauoient la grauité du crime qu'ils cōmettent qnaud ils vendent vn office de ceste qualité : & si Messieurs les Prelats, Aumosniers & Confesseurs qui ont l'honneur de les approcher & d'examiner leurs consciences le leurs representoient librement & veritablement, comme ils y sont obligez par le deuoir de leur charge & profession ils ne s'en deportassent auec apprehension du courroux & vengeance diuine sur leur teste & sur leur sceptre.

C'est vn abus d'alleguer la necessité, car nous auons veu par experience que ceux de nos derniers Rois qui ont plus mis en vente ceste marchandise d'offices ont esté plus necessiteux : tesmoin Henry second auec son erection de Presidiaux & creation de toutes autres sortes d'offices & creües és Cours souueraines lequel ne regna que 14. ans, & laissa son Royaume endebté de plus de quarante millions da liures, & neantmoins il l'auoit à son aduenement à la coronne trouué quitte de toutes debtes, & vne grande somme de deniers és coffres de son feu pere,ſans compter le quartier de Mars qui reſtoit encore à leuer.

Au contraire ſes predeceſſeurs qui auoient eu de grandes affaires ſur les bras, meſmement Charles 7. qui ne leuoit pour tout que dixhuiĉt cens mille francspar an ſur ſon peuple.Charles8 qui diminua de moitié les tailles impoſees ſur le peuple par ſon pere: & Louys 12. ne vendirent iamais aucun office de iudicature, n'ont pas laiſſé de tenir maiſon Royallé & magnifique. Bien eſt vray qu'elles eſtoient reiglees, policees & ſeruies paa gens de bien, plus ialoux de l'honneur & des bonnes graces que de l'or & l'argent de leur maiſtre.

Et puis la benediĉtion de Dieu eſtoit parmy ce petit reuenu bien acquis & bien meſnagê. Elle n'eſt pas en ce grand amas d'or & d'argent prouenu de ceſte mauuaiſe marchandiſe d'offices ou d'autres deniers leucz des larmes du peuple, & n'y ſera iamais.

Au contraire produira touſiours quelques mal-heurs & triſtes accidents à nos Princes s'ils ne quittent tout a faiĉt ceſte venalité qui eſt ſuffiſante de ruyner leur eſtat, Dieu les veuille bien inſpirer & de ſe ſeruirde gens de bien & ennemis d'auarice.

Pour moy ie trouue par les Cours de l'hiſtoire tant ſacrée que profane tiens & poſé pour maxime certaine que le Circuit des affaires du monde eſt touſiours de meſme & de meſmes cauſes viennent ſemblables cf-

fects accidens & reuolutions, Ceft toufiours vn mefme theatreil ny a que les perfonnes changez.

Si cefommaire me le permetoit ie dila-
terois ceft argument par plufieurs exemples
mefmemêt de l'Eftat Romain qui a efté ruy-
né tout a fait par la venalité de toutes chofes:
Oftez & defracinez la caufe vous oftez lef-
fect par mefme moyen.

Bien eft vray qu'eftant les efpices & tous
emolumens que les Iuges ont accouftumé
de prendre pour iuger les proces il eft fort
raifonnable d'augmenter leurs gages affin
que ceux qui n'auront moyens dailleurs ne
fouffrent point d'incommodités en leurs
mefnage en feruant au public. A ceft effect
vn gentil-homme d'illuftre famille grandement verfé aux affaires de ce Royaume d'vn
iugement fort folide&perte fur tout au bien
de l'Eftat(ceft le fieur de Iunigny gentil hô-
me de la maifon du Roy de qui i'entends
parler) vous a offert luy baillant des Com-
miffaires & Iuges inexpugnables par or par
argent par menaces n'y par faueur, de vous
decouurir vn fonds annuel de fept a huict
millions de liures, & a ce comme vous fca-
uez Il s'eft obligé en plein corps d'Eftats, a
la charge que fur partie d'iceluy fera prife
l'augmentation des gages des iuges par moy
propofee & des quattre autres millions,
defcharger d'autant de taille fon peuple par chacun an puifque par ce moyen
elle aura toufiours fon compte, outre vne

reſtitution de trente millions de liures qui
ſera employee partie en l'admortiſſement
des rentes & l'autre au rembourſement des
Officiers ſupernumeraires le tout à la deſ-
charge des finances du Roy & ſans que pour
raiſon de ce il mette la main à la bourſe.

Quand a la Paulette & tribut annuel qui
eſt vne tref-pernicieuſe inuention (N'en deſ-
plaiſe a ce grand Architecte de nouueautez
qui a par trop abuſé de la faueur de ſon maiſtre aux deſpens du pauure peuple) & encor
ſouſtenue par l'auarice des Iuges (i'excepte
touſiours les bons & les ennemis d'auarice
& des gains & profits mal acquis) ſi l'eſpicerie & la venalité ceſſent elle n'a plus de ſub-
ſiſtance & ſe diſſipe d'elle meſme.

Au demeurant ie ne me puis aſſees eſton-
ner comme le defunct Roy qui auoit l'eſprit
& l'intelligence nette aux affaires n'a preu-
ueu les mal-heurs que luy produiroit ceſte
honteuſe nouueauté luy oſtant l'vn des plus
beaux droicts de ſa coronne qui eſt la nomi-
nation d'Officiers & ne ſe prenoit pas garde
que c'eſtoit l'eſchelle par laquelle Ceſar a,
uoit monté à la tyrannie & euuahy l'eſtat de
ſa patrie.

Tant y a que depuis Charles 6. iuſque à
la venalité & traffic des Offices de iudicatu-
res la Iuſtice fut aſſees bien reiglee ſous les
regnes de 4. Roys conſecutifs & l'iniuſtice
fut longuement bannie de ce Royaume: .
mais ſi toſt que la porte fut ouuerte à la venalité elle a bien eu ſa reuanche eſtant en-

tree auec la chicanerie en haut credit par
toutes les compagnies fous les 6. derniers
Rois & encor s'eft efleuee plus que iamais
depuis l'inthrofnifation de cefte pompeufe
Paulette laquelle a bien en tant de pouuoir
par fes artifices de perfuader à vn grandRoy
qu'elle eftoit fort vtile & aduantageufe afon
Eftat au lieu qu'elle tend a fa deftruction la
mis en proye & alencan: de forte qu'il a fub-
fifté iufques a prefent apres cefte inuention
peftiferre non par la prudence humaine qui
s'eft renduo du tout aueugle en ce faict cy
Mais par vne fpeciale grace de Dieu qui a
eu pitié de fon Oinct de fon petit Iofias pendant fa minorité : Mais auffi a prefent qu'il
eft maieur, faut il bié qu'il difcerne le blancs:
d'auec le noir, le vray d'auec le faux les bós
& fidelles feruiteurs d'auec les mefchans &
auaticieux & qu'il regne en equité & Iuftice
afin d'auoir toufiours Dieu de fon cofté. Et
à lors toutes les puiffáces humaines foudrót
deuant luy comme la glace d'vne nuict a la
lueur d'vn beau Soleil.

Les autres art. de Reformation par moy
propofez ne receuront aucune difficulté, có-
bien que pefez & examinez par vos pruden
ces vous les trouuerez de gráde confequéce
mais non de telle que lefdittes douzes arti.
cles & entre tous l'abolition & extinction
des efpices & autres emoluments des Iuges
hors feurs gages. Car ce feul article emporte-
roit tous les autres en balences : Ceft le Re-
ftaurateur de la Iuftice. Ceft celuy qui retrau

chera sans difficulté la multitude & lon-
gueurdes proces qui fera hayr les procesaux
Iuges & mettra en repos les grandes & me-
diocaes& generallement les petites familles
de ce Royaume. Dieu le veuille & vous face la grace, Messieurs, de ne vous relascher
point de vostre vertueuse poursuitte non
plus que ma plume ne cessera iamais de pu-
blier les louanges de la genereuse noblesse
de France tant qu'elle fera les actes dignes
de sa qualité: & que ie ne voye l'iniusticé
terracee auec tous ses satellites quelques me
naces&apprehensiõs que l'on mevueille dõ
ner des griffes de ceste mauuaise beste dont
le Tout-puissant me preseruera s'il plaict a
sa diuine bonté.

www.ingramcontent.com/pod-product-compliance
Lightning Source LLC
LaVergne TN
LVHW021742030726
842523LV00003B/867